NEUER FAVORIT VERLAG

Silke soll als Hausaufgabe einen Aufsatz über die Abstammung ihrer Familie schreiben. Sie fragt ihren Vater: „Wo komme ich eigentlich her, Papa?" – „Der Storch hat dich gebracht." – „Und wo kommst du her?" – „Auch vom Storch." – „Und Opa?" – „Den hat auch der Storch gebracht." Silkes Aufsatz fängt dann folgendermaßen an: „Seit drei Generationen gab es in unserer Familie keine natürlichen Geburten."

Der Religionslehrer beschreibt der Klasse den Weltuntergang: „Der Sturm wird die Dächer wegfegen, Flüsse werden über die Ufer treten und Blitz und Donner werden über die Menschheit hereinbrechen!" Fragt Peter: „Bei dem Sauwetter haben wir aber dann keinen Unterricht, oder?"

Die kleine Susanne steht schluchzend vor ihrer Klassenlehrerin: „Ich finde ja auch nicht alles, was Sie machen, gut! Aber renne ich deshalb gleich zu Ihren Eltern?"

"Herr Ober, was macht denn mein Bier, das ich vor einer Stunde bestellt habe?"

Bei einem luxuriösen Hochzeitsbankett fällt der kleinen Lara auf, dass kräftig gegessen und getrunken wird, aber keiner bezahlen muss. Sie fragt ihre Mutter: „Wer zahlt das alles?" – „Die Frau da hinten, sie ist die Mutter der Braut." – „Ach, darum hat sie vorhin bei der Trauung so geschluchzt!"

Der Gast zum Kellner: „Igitt! Herr Ober, in meinem Eintopf schwimmt ein Gebiss!" – „Waff iff?"

Heut' essen wir den Suppenhahn, den wir noch gestern huppen sah'n.

2,60 Euro.

„Herr Ober, in meiner Suppe schwimmt eine Fliege!" – „Das ist nicht ganz richtig, mein Herr", sagt der Kellner nach genauer Betrachtung der Suppe, „die Fliege ist tot."

Beschwert sich ein Gast beim Kellner: „Ich habe eine Fünf-Minuten-Suppe bestellt und warte schon 15 Minuten darauf." Kellner: „Dann können Sie ja froh sein, dass Sie keine Tagessuppe bestellt haben!"

Der Pilot zum Tower: „Ratet mal, wer jetzt kommt!"
Da schaltet der Fluglotse die Beleuchtung der Landebahn aus und sagt zum Piloten: „Rate mal, wo wir sind!"

Stewardess zu einem Fluggast: „Kauen Sie diesen Kaugummi. Der hilft gegen das störende Sausen und Dröhnen im Ohr." Nach der Landung geht der Fluggast zur Stewardess und fragt: „Und wie bekomme ich den Kaugummi jetzt wieder aus meinem Ohr raus?"

Letzte Worte der Flugzeugcrew: „Das Lämpchen da blinkt – ach, nicht so wichtig."

Zwei Fallschirmspringer springen aus einem Flugzeug. Sagt der eine zum anderen: „Hey, die Menschen da unten sehen aus wie Ameisen!" Der andere erwidert: „Mach sofort deinen Fallschirm auf – das sind Ameisen!"

Der erste Sprung für einen Fallschirmspringerschüler. Sein Lehrer erklärt ihm den Ablauf: „Zuerst ziehst du an dieser Leine. Wenn das nicht klappt, ziehst du an dieser Leine hier, der Fallschirm öffnet sich und du schwebst sanft hinunter. Dort steht dann ein Auto, das dich zum Flugplatz zurückbringt." Ein paar Minuten später hebt das Flugzeug ab und der Schüler springt hinaus. Er zieht an der ersten Leine, aber es geschieht nichts. Er zieht an der zweiten Leine und es geschieht wieder nichts. „So ein Mist", denkt er verärgert, „wenn jetzt auch noch das Auto nicht da unten steht, werd ich aber echt sauer!"

Im Supermarkt trifft der Arzt einen von seinen Patienten: „Ich habe Ihnen doch absolute Bettruhe verordnet! Sie wollen sich wohl unbedingt eine Bronchitis holen, was?" – „Nein, nein, Herr Doktor, nur drei Flaschen Bier."

Alexander geht zum Arzt und klagt: „Herr Doktor, seit ein paar Wochen fühle ich mich so müde und erschöpft. Was habe ich nur?" Fragt der Arzt: „Müssen Sie viel arbeiten?" Darauf Alexander: „Nein, eigentlich nicht. Seit kurzem arbeite ich sogar fünf Stunden weniger in der Woche." Sagt der Arzt: „Da haben Sie's! Diese fünf Stunden Schlaf fehlen Ihnen!"

Patient zu seinem Arzt: „Herr Doktor, Sie haben mir doch diese Tabletten verschrieben, damit ich kräftiger werde." Arzt: „Ja, genau. Und was ist jetzt das Problem?" Patient: „Ich bekomm die Packung nicht auf ...!"

Patient: „Herr Doktor, ich leide unter Gedächtnisschwund." Der Arzt: „Wann haben Sie das bemerkt?" – „Wann habe ich was bemerkt?"

Was ist der Unterschied zwischen einem Arzt und einem Dieb? Der Dieb weiß immer, was seinem Opfer fehlt!

Zwei Flöhe kommen aus der Disco. Da fängt es an zu regnen und der eine fragt den anderen: „Sollen wir laufen oder nehmen wir uns einen Hund?"

Der zerstreute Tierarzt hat ein Nilpferd operiert und sagt zufrieden: „Diesmal haben wir aber nichts im Patienten vergessen." Da steckt die Sprechstundenhilfe den Kopf in den Operationssaal und fragt: „Hat jemand Schwester Angela gesehen?"

Zehn Ziegen ziehen zehn Pfund Zucker zum Zoo.

Klaus ist mit seinem Schäferhund beim Tierarzt: „Sie müssen meinen Hund mal untersuchen, Herr Doktor. Ich glaube, er hat gleich drei tierische Krankheiten auf einmal: Er hat Hunger wie ein Wolf, Durst wie ein Karpfen und Angst wie ein Hase." Nach einer kurzen Untersuchung sagt der Tierarzt: „Er hat sogar noch zwei weitere tierische Krankheiten: Er stinkt wie ein Ziegenbock und ist dreckig wie ein Schwein!"

Fragt ein Hund den anderen: „Wie ist eigentlich dein Name?" Antwortet der andere: „Keine Ahnung. Ich glaube, ‚Sitz'."

Zwei Hunde begegnen sich auf der Straße. Sagt der erste: „Hallo, ich heiße Bello von Bellstein! Hast du auch so einen noblen Namen?" Darauf der zweite: „Na klar, ich heiße Runter vom Sofa!"

Zwei Hunde vom Land sind zum ersten Mal in der Stadt. Verwundert bleiben sie vor einer Parkuhr stehen. Fragt der erste: „Was ist denn das?" Antwortet der andere: „Ich glaub's nicht! Die verlangen hier doch tatsächlich Klogebühren!"

Letzte Worte des Briefträgers: „Braves Hundchen."

Eine Maus kommt zu Gott und fragt: „Könnte ich mir mal das Himmelreich anschauen?" Gott erwidert: „Natürlich, am besten nimmst du dafür ein Fahrrad." Etwas später kommt eine Katze zu Gott mit derselben Bitte: „Könnte ich mir mal das Himmelreich anschauen?" Und Gott erlaubt es auch der Katze. Als die Katze nach ein paar Stunden wiederkommt, fragt Gott: „Und? Hat dir das Himmelreich gefallen?" Darauf die Katze: „Ja, es war schön, besonders das Essen auf zwei Rädern!"

Eine Mäusefamilie flieht vor einer Katze. Da dreht sich die Mäusemutter um und ruft lauthals: „Wau, Wau!" Die Katze sucht sofort das Weite. Da sagt der Mäusevater stolz zu seinen Kleinen: „Versteht ihr jetzt, wie wichtig Fremdsprachen sind?"

Warum trinken Mäuse keinen Schnaps? Weil sie Angst vor dem Kater haben.

Manche Leute regen sich auf, wenn ihnen ein Vogel auf den Kopf macht, dabei kann man froh sein, dass Elefanten nicht fliegen können ...!

Sitzt ein Fisch auf einem Baum. Schwebt ein Elefant an ihm vorbei. Sagt der Fisch: „Sachen gibt's!"

Fabian sitzt an einem Fluss und angelt. Ein Polizist sieht ihn und sagt: „Hey, du, hier am Fluss ist das Angeln verboten! Du musst 15 Euro Strafe zahlen!" – „Aber ich hab doch nur meinen Regenwurm gebadet!" – „Dann musst du 30 Euro Strafe zahlen!" – „Was? Warum denn?" – „Weil dein Regenwurm keine Badesachen trägt. Baden ohne Badesachen macht 30 Euro Strafe!"

Ein Großväterchen sieht zum ersten Mal ein Aquarium und beobachtet gebannt die Fische. Nach einer Weile fragt er dann: „Und wie oft muss man die Pflanzen da drin giessen?"

Im Fischgeschäft bittet ein Kunde den Verkäufer: „Könnten Sie mir vielleicht vier Karpfen zuwerfen? Dann könnte ich meiner Familie sagen, dass ich sie selbst gefangen habe …"

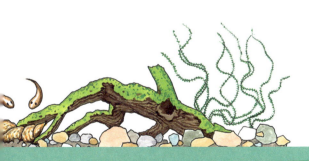

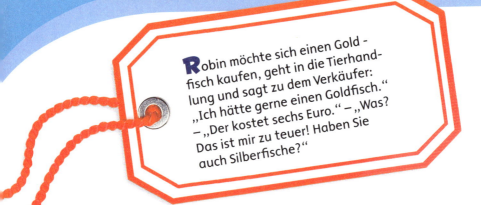

Robin möchte sich einen Goldfisch kaufen, geht in die Tierhandlung und sagt zu dem Verkäufer: „Ich hätte gerne einen Goldfisch." – „Der kostet sechs Euro." – „Was? Das ist mir zu teuer! Haben Sie auch Silberfische?"

Zwei Fische treffen sich. Fragt der eine: „Was machst du denn heute Abend?" Da überlegt der andere eine Weile und sagt dann: „Ich glaube, ich gehe schwimmen!"

Zwei Guppys schwimmen durch ein Glas, in dem nur noch wenig Wasser ist. Schnauzt Frau Guppy ihren Mann an: „Du ruinierst uns noch mit deiner elenden Sauferei!"

Mutter Forelle schwimmt mit ihren Kindern durch das Meer. Als sie einem U-Boot begegnen, versteckt sich eine der kleinen Forellen ängstlich hinter ihr. Sagt die Mutter: „Du brauchst keine Angst zu haben, das sind nur Menschen in Dosen!"

Fragt Natascha ihre Mutter: „Schlafen Fische eigentlich auch?" – „Ja, sicher! Deshalb gibt's ja auch das Flussbett!"

Angeber!

Wie lange leben Krokodile? Genauso lang wie kurze!

Ein Hai geht zum Zahnarzt. Sagt der Zahnarzt: „So, dann setzen Sie sich mal hin und machen Sie Ihr Maul weit auf, damit ich hineinschauen kann." Zehn Minuten später ruft der Hai rülpsend ins Wartezimmer: „Der Nächste, bitte!"

Der weiße Hai lässt sich gerade einen Surfer schmecken. Voller Genuss murmelt er dabei vor sich hin: „Lecker! Und eigentlich echt nett serviert, so mit Brettchen und bunter Serviette ..."

Ein Urlauber fragt einen anderen am Strand: „Wissen Sie, ob es hier Quallen oder Krebse im Wasser gibt?" – „Da machen Sie sich mal keine Sorgen, die sind alle längst von den Haien gefressen worden!"

„Keine Panik, meine Herrschaften!", ruft der Pilot und rennt mit dem Fallschirm auf dem Rücken zum Flugzeugausgang. „Ich springe jetzt runter und hole Hilfe!"

Fragt Tom seinen Kumpel: „Und wie war dein Urlaub?" – „Einfach grauenhaft! Ich hatte das Hotelzimmer Nr. 100. Und von dem Türschild war auch noch die Eins abgefallen …!"

Familie Müller muss sich im Zelturlaub dauernd gegen Schwärme von Fliegen wehren. Bei Einbruch der Nacht tauchen ein paar Glühwürmchen auf. Ruft Herr Müller in Panik: „Weg hier! Jetzt kommen die Biester schon mit Taschenlampen!"

Eine ältere Dame möchte im Flugzeug auf die Toilette gehen, landet aber im Cockpit, wo der Pilot und seine Crew vor ihren Instrumenten sitzen. Empört wendet sie sich an eine Stewardess und schimpft: „In der Damentoilette sitzen drei Männer vor dem Fernseher!"

Laura beobachtet das erste Mal das Meer bei Ebbe. „So'n Mist! Kaum sind wir angekommen, haut das Meer ab!"

Treffen sich zwei Magneten. Der eine sagt: „Na, wie geht's dir?" – „Schlecht", antwortet der andere, „ich weiß einfach nicht, was ich heute anziehen soll."

Zwei Idioten gehen zusammen ins Freibad. Der eine stellt sich unter die Dusche und spannt einen Regenschirm auf: „Was wird'n das jetzt?", fragt ihn der andere. – „Handtuch vergessen."

Was ist der Unterschied zwischen einem Kaktus und einer Badewanne? Setz dich mal rein, dann merkst du's schon!

Ein Verrückter geht täglich mit seiner Zahnbürste spazieren, weil er sie für einen Hund hält. Deshalb wird er in eine Irrenanstalt gesteckt. Nach einem Jahr in der Anstalt fragt ihn der Direktor: „Mit was gehen Sie spazieren?" Der Verrückte antwortet: „Mit meiner Zahnbürste, natürlich." Daraufhin entlässt ihn der Direktor als geheilt aus der Klinik. Kaum hat er die Anstalt verlassen, beugt er sich zu seiner Zahnbürste und sagt: „Den haben wir voll reingelegt, Fiffi!"